स्टेनोग्राफर सेक्रेटरीअल असिस्टंट हिंन्दी MCQ

मनोज डोळे

डिजिटाइजेशन समय की मांग है। भविष्य में, प्रशिक्षण को अधिक सुविधाजनक और आसान बनाने के लिए ऑनलाइन इंटरनेट का उपयोग करके औद्योगिक प्रशिक्षण संस्थानों में प्रशिक्षण आयोजित करने की आवश्यकता होगी। एमसीक्यू प्रश्नों के एक सेट वाली ई-पुस्तकें प्रशिक्षुओं को उपलब्ध कराई जाएंगी क्योंकि उन्हें अपने औद्योगिक प्रशिक्षण संस्थानों में होने वाली ऑनलाइन परीक्षाओं की तैयारी के लिए बहुविकल्पीय प्रश्नों एमसीक्यू के अधिक आदी होने की आवश्यकता है।

इन सब बातों को ध्यान में रखते हुए औद्योगिक प्रशिक्षण संस्थान सतारा के प्रशिक्षक श्री मनोज मधुकर डोले ने नई वार्षिक प्रणाली और एनएसक्यूएफ-5 पाठ्यक्रम के अनुसार पुस्तकें लिखी हैं। और उन्होंने प्रशिक्षण को आसान बनाने के लिए सैद्धांतिक मोबाइल ऐप और ब्लॉग बनाए हैं, और इन सभी शैक्षिक सामग्री को विश्व प्रसिद्ध वेबसाइटों Google Play Store, Amazon और Apple Book Store पर डाउनलोड के लिए उपलब्ध कराया है।

पुस्तकों का प्रकाशन माननीय सहसंचालक श्री राजेंद्र घुमे साहेब प्रादेशिक व्यावसायिक शिक्षण व प्रशिक्षण कार्यालय, पुणे द्वारा दिनांक 9/1/2019 को किया गया, इस समय श्री प्रकाश सहगवकर साहब प्राचार्य शासकीय औद्योगिक प्रशिक्षण संस्थान औंध पुणे, श्री तुकाराम मिसाल साहेब प्राचार्य सरकार प्र. संस्था सतारा, श्री सचिन धूमल साहब जिला व्यावसायिक शिक्षा एवं प्रशिक्षण अधिकारी सतारा, श्री यतिन परगांवकर साहब प्राचार्य शासन. Q. संस्था कोल्हापुर, श्री विकास टेक साहब इंस्पेक्टर वोकेशनल एज्युकेशन एंड ट्रेनिंग रीजनल ऑफिस पुणे, पालेकर फूड्स प्रोडक्ट्स प्रा. लि. सतारा के उद्यमी अध्यक्ष श्री नीलकंठराव पालेकर साहब, हीरा फूड्स के अध्यक्ष श्री इब्राहिम बाबा तंबोली साहब, श्रीमती शाल्मली पवार मुख्याध्यापिका शासकीय तकनीकी विद्यालय केंद्र सतारा सहित अन्य गणमान्य व्यक्ति इस अवसर पर उपस्थित थे।

क्रम-सूची

प्रस्तावना

स्टेनोग्राफर सेक्रेटरीअल असिस्टंट हिन्दी MCQ आईटीआई इंजीनियरिंग पाठ्यक्रम के लिए एक सरल ई-पुस्तक है आशुलिपिक सचिवीय सहायक (अंग्रेजी) , में संशोधित NSQF सिलेबस, इसमें रेखांकित और बोल्ड सही उत्तरों के साथ वस्तुनिष्ठ प्रश्न शामिल हैं MCQ सुरक्षा और पर्यावरण के बारे में सभी विषयों को कवर करता है, स्टेनोग्राफर सचिवीय सहायक अंग्रेजी का उपयोग, कंप्यूटर हार्डवेयर और इसके परिधीय, व्यंजन और इसकी दिशा / व्यंजन, लंबे और छोटे स्वरों में शामिल होना, लॉगोग्राम, व्याकरण का वर्णन करना, 'द' / विराम चिह्न का संकुचन और उपयोग, डिप्थॉन्ग, कंप्यूटर पर विंडोज ऑपरेटिंग सिस्टम तैयार करना, कंप्यूटर पर उंगली की स्थिति, घुमावदार हुक स्ट्रोक और मिश्रित व्यंजन , अंतिम हुक को पहचानें, अंतिम हुक को पहचानें, उपसर्गों की सूची बनाएं, प्रत्ययों की सूची बनाएं, एमएस-एक्सेल, कार्यालय लेआउट को लेबल करें, एमएस-पावर पॉइंट को फाइल करें और तैयार करें, एमएस-पावरपॉइंट प्रेजेंटेशन प्रदर्शित करें, ई-मेल आईडी बनाएं, मेल के माध्यम से पत्राचार करें, पंजीकरण के लिए ऑनलाइन फॉर्म और दस्तावेज भरना, सभी प्रकार के पत्र, नोटिस, एजेंडा, मिनट, रिपोर्ट, परिपत्र और ज्ञापन और बहुत कुछ।

हम प्रत्येक नए संस्करण के साथ नए प्रश्न उत्तर जोड़ते हैं। किसी भी त्रुटि/चूक के मामले में कृपया हमें ईमेल करें। यह यकीनन सभी इंजीनियरिंग बहुविकल्पीय प्रश्नों और उत्तरों के लिए सबसे बड़ी और सर्वश्रेष्ठ ई-बुक है।

एक छात्र के रूप में आप इसे अपनी परीक्षा की तैयारी के लिए उपयोग कर सकते हैं। यह ई-पुस्तक प्रोफेसरों के लिए सामग्री को ताज़ा करने के लिए भी उपयोगी है।

भूमिका

डीजीईटी नई दिल्ली और सीएसटीएआरआई कोलकाता अगस्त 2018 सत्र से आईटीआई में सभी व्यवसायों के लिए एक वार्षिक पैटर्न लागू कर रहे हैं। परीक्षा प्रणाली में भी बदलाव किया जाएगा और यह इस साल से ऑनलाइन हो जाएगी और चूंकि सभी प्रश्न वस्तुनिष्ठ प्रकार (एमसीक्यू) के हैं, इसलिए प्रशिक्षुओं को गहन अध्ययन की सख्त जरूरत है। इसे ध्यान में रखते हुए हमें पुराने NIMI पैटर्न पर आधारित पुस्तकें और नए वार्षिक पैटर्न का संपूर्ण अवलोकन प्रस्तुत करते हुए प्रसन्नता हो रही है, और हम आशा करते हैं कि ये पुस्तकें सभी व्यावसायिक निदेशकों और प्रशिक्षुओं के लिए एक मार्गदर्शक होंगी। है।

इन पुस्तकों को लिखने के लिए आईटीआई अकलुज के प्राचार्य जोहर अवाटे साहब ने कहा। आईटीआई सतारा सहगवकर साहब के पूर्व प्राचार्य, सहायक निदेशक श्री चंद्रकांत ढेकने साहेब क्षेत्रीय व्यावसायिक शिक्षा एवं प्रशिक्षण कार्यालय, पुणे, जिला व्यावसायिक शिक्षा एवं प्रशिक्षण अधिकारी सचिन धूमल साहेब एवं प्रधानाध्यापक शासकीय तकनीकी विद्यालय केन्द्र शाल्मली पवार मैडम एवं पुत्र अधिराज डोले, माता कुसुम डोले , मैं अपने पिता मधुकर डोले और पत्नी अश्विनी डोले को समय-समय पर उनके विशेष मार्गदर्शन और सहयोग के लिए बहुत आभारी हूं।

साथ ही, बहुत ही कम समय में श्री राजेन्द्र घुमे साहेब, संयुक्त निदेशक, व्यावसायिक शिक्षा और प्रशिक्षण क्षेत्रीय कार्यालय, पुणे द्वारा पुस्तक के प्रकाशन में उनके अमूल्य समय के लिए पुस्तक की समीक्षा की गई। मैं उनकी प्रतिक्रिया के लिए हृदय से आभारी हूँ।

पुस्तक लिखने की शुरुआत से ही निरंतर समर्थन के लिए मैं आईटीआई सतारा के प्रशिक्षक का आभारी हूं।

इस पुस्तक से, मैं खुद को धन्य मानता हूं कि मैंने आपके साथ ई-लर्निंग पर अपने विचार साझा किए। मैं यह दावा नहीं करूंगा कि यह पुस्तक पूर्ण है, क्योंकि पूर्णता को देखते हुए यह पुस्तक एक प्रयास है और अपनी शैशवावस्था में है। यदि उनका परीक्षण और सुझाव दिया जाए तो वे सुधार के लिए मूल्यवान होंगे।

मनोज डोले

दिनांक 9/1/2019

पावती (स्वीकृति)

21वीं सदी में औद्योगिक क्षेत्र में तेजी से बढ़ती मांग के अनुरूप बहु-कुशल कारीगरों की आपूर्ति के लिए व्यावसायिक शिक्षा और प्रशिक्षण विभाग के माध्यम से व्यावसायिक शिक्षा और प्रशिक्षण विभाग के माध्यम से व्यावसायिक शिक्षा और प्रशिक्षण प्रदान किया जाता है। संस्थानों के भीतर सभी व्यवसाय महत्वपूर्ण हैं, क्योंकि इन व्यवसायों के प्रशिक्षु उद्योग की मांगों के अनुसार बहु-कौशल विकसित करते हैं।

सभी व्यवसायों के लिए उपयुक्त एमसीक्यू ई-पुस्तकें उपलब्ध कराने के नेक इरादे से, यह देखते हुए कि औद्योगिक क्षेत्र के सभी उद्योगों में सभी परीक्षाएं ऑनलाइन आयोजित की जाती हैं और इसमें एमसीक्यू पद्धति के प्रश्न शामिल होते हैं। श्री मनोज मधुकर डोले ने नए वार्षिक पाठ्यक्रम के अनुसार एमसीक्यू पद्धति पर एक बहुत अच्छी ई-बुक लिखी है। यह ई-पुस्तक निश्चित रूप से सभी प्रशिक्षुओं, प्रशिक्षु उम्मीदवारों, प्रशिक्षण प्रशिक्षकों और अन्य संबंधितों के लिए एक मार्गदर्शक होगी।

पुस्तक के लेखक श्री मनोज मधुकर डोले, इंस्ट्रक्टर गॉव आईटीआई सतारा को 17 साल का प्रशिक्षण अनुभव है। एक नए वार्षिक पैटर्न के रूप में लिखी गई, यह ई-बुक प्रत्येक विषय के लिए लेआउट, सरल भाषा और सरल सिंटैक्स, आरेख और वीडियो को समझने के लिए आधुनिक डिजिटल क्यूआर कोड तकनीक को शामिल करती है। इसलिए मुझे विश्वास है कि यह ई-पुस्तक निश्चित रूप से गहन अध्ययन और परीक्षा अभ्यास के लिए उपयोगी होगी। उन्होंने जो कार्य किया है वह निश्चित रूप से काबिले तारीफ है।

श्री तुकाराम मिसाल
प्राचार्य शासकीय औद्योगिक प्रशिक्षण संस्था सातारा.

आमुख

हमारे औद्योगिक प्रशिक्षण संस्थानों की औद्योगिक प्रशिक्षण और सैद्धांतिक परीक्षा प्रणाली और इन परिवर्तनों को शिल्प प्रशिक्षकों और प्रशिक्षुओं द्वारा स्वीकार किया गया है। आपके औद्योगिक प्रशिक्षण संस्थानों में आयोजित सैद्धांतिक परीक्षाएं भी ऑनलाइन आयोजित की जाती हैं। चूंकि ये परीक्षाएं बहुविकल्पीय एमसीक्यू पद्धति की हैं, इसलिए प्रशिक्षुओं को ऐसे प्रश्नों का अधिक अभ्यास करने की आवश्यकता होगी।

इन सब बातों को ध्यान में रखते हुए श्री मनोज मधुकर, निदेशक, डोले क्राफ्ट्स, कटारी औद्योगिक प्रशिक्षण संस्थान, सतारा, ने नई वार्षिक प्रणाली और NSQF-5 के अनुसार, गहन अध्ययन किया है और अपनी मेहनत से और अपनी गहरी बुद्धि को जोड़ा है। पाठ्यक्रम, कटारी और अन्य मशीन ट्रेडों की ई-बुक। -बुक) और उन्होंने प्रशिक्षण को आसान बनाने के लिए सैद्धांतिक विषयों पर मोबाइल ऐप और ब्लॉग बनाए हैं और इन सभी शैक्षिक सामग्री को विश्व प्रसिद्ध वेबसाइटों Google Play Store, Amazon और Apple Book Store पर डाउनलोड के लिए उपलब्ध कराया है। प्रिंट संस्करण बनाकर और क्यूआर कोड जैसी उन्नत तकनीकों का उपयोग करके प्रशिक्षण को आसान बना दिया गया है।

ये सभी शैक्षिक सामग्री निश्चित रूप से सभी प्रशिक्षुओं के लिए गहन अध्ययन के लिए और शिल्प प्रशिक्षकों और अन्य संबंधितों के लिए एक मार्गदर्शक होगी जो व्यावसायिक प्रशिक्षण प्रदान कर रहे हैं।

1

स्टेनोग्राफर सेक्रेटरीअल असिस्टंट हिंन्दी MCQ

अध्याय संख्या 1।

व्यंजन

01] (W & Y) को छोड़कर व्यंजन कैसे बनते हैं?

ए] <u>सरलतमज्यामितीयआरेखोंद्वारा</u>,

बी] डिजाइन द्वारा,

ग] केवल पंक्तियों द्वारा,

d] केवल कर्व्स द्वारा।

02] व्यंजन पी, बी, टी, डी, सीएच, जे, के, जी हैं ....

ए] निरंतर,

बी] <u>विस्फोटक</u>,

ग] तरल पदार्थ,

डी] सहसंयोजक।

03] व्यंजन एफ, वी, टीएच, एस, जेड, एसएच, जेडएच हैं ......

ए] <u>निरंतर</u>,

बी] विस्फोटक,

ग] तरल पदार्थ,

डी] सहसंयोजक।

04] व्यंजन एम, एन, एनजी हैं... ..

ए] निरंतर,

बी] विस्फोटक,

ग] <u>नाक</u>,

डी] सहसंयोजक।

05] व्यंजन L, R(ऊपर/नीचे) हैं....

ए] निरंतर,

बी] विस्फोटक,

ग] <u>तरलपदार्थ</u>,

डी] सहसंयोजक।

06] व्यंजन W, Y, H(UP/down) हैं...

ए] निरंतर,

बी] विस्फोटक,

ग] तरल पदार्थ,

डी] <u>सहसंयोजक</u>।

07] व्यंजन एच (यूपी/डाउन) हैं...

ए] निरंतर,

बी] विस्फोटक,

ग] तरल पदार्थ,

डी] <u>एस्पिरेट्स</u>।

08] आशुलिपि की प्रणाली का आविष्कार किसने किया?

ए] जॉन बेयर्ड,

बी] चार्ल्स बैबेज,

ग] हेनरी मिल,

डी] <u>एमिलीस्मिथ।</u>

09]आशुलिपि की प्रणाली का आविष्कार कब किया गया था?

ए] 1836 में,

बी] 1837 में,

ग] <u>1838 में,</u>

डी] 1835 में।

10] आशुलिपि प्रणाली का दूसरा नाम क्या है?

ए] <u>फोनोग्राफी,</u>

बी] टाइपोग्राफी,

ग] श्रुतलेख,

घ] आशुलिपिक।

11] ऊपर से नीचे की ओर लिखे गए व्यंजन कहलाते हैं.....

ए] अपस्ट्रोक,

बी] <u>डाउनस्ट्रोक,</u>

ग] क्षैतिज,

डी] अक्षर।

12] नीचे से ऊपर तक लिखे जाने वाले व्यंजन कहलाते हैं.....

ए] <u>अपस्ट्रोक,</u>

बी] डाउनस्ट्रोक,

ग] क्षैतिज,

डी] अक्षर।

13] बायें से दायें लिखे व्यंजन कहलाते हैं.....

ए] अपस्ट्रोक,

बी] डाउनस्ट्रोक,

ग] <u>क्षैतिज,</u>

डी] अक्षर।

14] व्यंजन का मानक आकार होना चाहिए...। एक इंच का।

ए] दो तीन,

बी] <u>एकछठा,</u>

ग] एक पांचवां,

डी] दो चौथाई।

15] आशुलिपि में ....कुल अक्षर होते हैं।

ए] 15,

बी] 24,

ग] <u>26</u>,

डी] 28

अध्याय संख्या 2

स्वरों

16] भारी स्वर ...... स्वर हैं।

ए] <u>लंबा</u>,

बी] लघु,

ग] अंधेरा,

डी] बेहोश।

17] प्रकाश स्वर ...... स्वर हैं।

साथ-साथ,

बी] <u>लघु</u>,

ग] अंधेरा,

घ] बेहोश।

18] यदि मुंह का मार्ग इतना खुला छोड़ दिया जाता है कि श्रव्य घर्षण न हो, और इसके माध्यम से आवाज की चौड़ाई भेजी जाती है तो हमारे पास ....ए

ए] डिप्थॉन्ग,

बी] <u>स्वर</u>,

सी] डिफोन,

डी] तिपाई।

19] स्वर स्थानों की गणना .... से की जाती है।

ए] ऊपर नीचे,

बी] नीचे से ऊपर,

ग] <u>जहांसेस्ट्रोकशुरूहोताहै</u>,

डी] क्षैतिज।

20] जब स्वर पहले आता है और फिर व्यंजन, ऐसे स्वर कहलाते हैं...।

ए] <u>पूर्ववर्ती</u>,

बी] निम्नलिखित,

ग] हस्तक्षेप करना,

d] पूर्ववर्ती और अनुवर्ती दोनों।

21] जब स्वर व्यंजन के बाद आता है तो ऐसे स्वर कहलाते हैं....

ए] पूर्ववर्ती,

बी] निम्नलिखित,

ग] हस्तक्षेप करना,

d] पूर्ववर्ती और अनुवर्ती दोनों।

22] जब स्वर व्यंजन के पहले और बाद में आता है, तो ऐसे स्वर कहलाते हैं...।

ए] पूर्ववर्ती,

बी] निम्नलिखित,

ग] हस्तक्षेप करना,

d] पूर्ववर्तीऔरअनुवर्तीदोनों।

23] दीर्घ स्वरों का प्रतिनिधित्व ...... द्वारा किया जाता है

ए] हैवीडॉटऔरडैश,

बी] लाइट डॉट और डैश,

ग] मंडलियां,

डी] लूप्स।

24] .... को क्रमशः प्रथम स्थान, द्वितीय स्थान और तृतीय स्थान कहा जाता है।

ए] स्वर,

बी] डिप्थोंग्स,

सी] ट्राइफ़ोन,

घ] मंडलियां।

25] स्वरों का स्थान क्षैतिज के मामले में दिया गया है......व्यंजन।

ए] पहले और बाद में,

बी] ऊपरऔरनीचे,

ग] दाएं और बाएं,

डी] बाएं और दाएं।

अध्याय संख्या 3

हस्तक्षेप स्वर और स्थिति

26] व्याकरण क्या हैं?

ए] अक्सरहोनेवालेशब्द

बी] कुछ समय आने वाले शब्द,

ग] छोटे शब्द,

घ] अन्य।

27] हस्तक्षेप करने वाले स्वर क्या हैं? स्वरों.....

ए] दोव्यंजनोंकेबीच,

बी] व्यंजन से पहले,

ग] व्यंजन के बाद,

डी] अन्य।

28] पहले व्यंजन के बाद स्वर का तीसरा स्थान लिखा जाता है......

ए] दूसरे स्ट्रोक से पहले,

बी] अंतर्मेंद्सरेस्ट्रोकसेपहले,

ग] पहले स्ट्रोक से पहले,

घ] अन्य।

29] जब किसी शब्द में पहली बार लगने वाला स्वर प्रथम स्थान का स्वर होता है, तो रूपरेखा ---- स्थिति में लिखी जाती है।

एक पल,

बी] तीसरा,

ग] सबसेपहले,

घ] अन्य।

30] जब किसी शब्द में पहली बार लगने वाला स्वर दूसरे स्थान का स्वर होता है, तो रूपरेखा ---- स्थिति में लिखी जाती है।

ए] दूसरा,

बी] तीसरा,

ग] सबसे पहले,

घ] अन्य।

31] जब किसी शब्द में पहली बार लगने वाला स्वर तीसरे स्थान का स्वर होता है, तो रूपरेखा ---- स्थिति में लिखी जाती है।

एक पल,

बी] तीसरा,

ग] सबसे पहले,

घ] अन्य।

32] पूर्ण विराम किसके द्वारा शॉर्टहैंड में लिखा जाता है......

ए] पूर्ण विराम,

बी] छोटाक्रॉस,

ग] छोटा वृत्त,

घ] अन्य।

33] पूछताछ के नोट को आशुलिपि में ...... द्वारा दर्शाया गया है

ए] पूर्ण विराम,

बी] छोटा क्रॉस,

ग] <u>प्रश्नचिहनऔरक्रॉस</u>,

घ] अन्य।

34] विस्मयादिबोधक का नोट शॉर्टहैंड में ...... द्वारा दर्शाया गया है

ए] पूर्ण विराम,

बी] <u>विस्मयादिबोधकचिह्नऔरएकक्रॉस</u>,

ग] प्रश्न चिह्न और क्रॉस,

घ] अन्य।

35] क्षैतिज व्यंजन .... स्थिति में लिखे गए हैं।

एक पल,

बी] तीसरा,

ग] सबसे पहले,

घ] <u>अन्य</u>।

अध्याय संख्या 4

आर और एच के लिए वैकल्पिक संकेत

36] व्यंजन आर ....फॉर्म के साथ प्रदान किया जाता है।

ए] तीन,

बी] चार,

ग] पांच,

घ] <u>द्रो</u>।

37] यदि प्रारंभिक आर एक स्वर से पहले है, तो इसे लिखा जाता है ....

ए] ऊपर की ओर,

बी] <u>नीचे</u>,

ग] कोई भी रूप,

घ] अन्य।

38] यदि R व्यंजन अंत में एक स्वर का अनुसरण करता है, तो यह लिखा जाता है

....

ए] <u>ऊपरकीओर</u>,

बी] नीचे,

ग] कोई भी रूप,

घ] अन्य।

39] मध्य आर हमेशा लिखा जाता है ....

ए] <u>ऊपरकीओर</u>,

बी] नीचे,

ग] कोई भी रूप,

घ] अन्य।

40] व्यंजन एच .... रूपों के साथ प्रदान किया जाता है।

ए] तीन,

बी] चार,

ग] पांच,

घ] दो।

41] एच का .... रूप सबसे अधिक प्रयोग किया जाता है।

ए] <u>ऊपरकीओर</u>,

बी] नीचे,

ग] कोई भी रूप,

घ] अन्य।

42] H के अधोमुखी रूप का उपयोग तब किया जाता है जब H अकेला खड़ा होता है या उसके बाद ....

ए] पीबी,

बी] एफवी,

सी] <u>के, जी</u>,

डी] एम, एन।

अध्याय संख्या 5।

डिप्थोंग्स

43] ....एक शब्दांश में दो स्वरों का मेल है।

ए] ट्राइफ़ोन,

बी] <u>डिप्थॉन्ग</u>,

सी] डीफोन,

d] अन्य उत्तर

44] ......डिफ्थोंग्स को व्यंजन के पहले स्थान पर रखा गया है।

ए] <u>मैं, ओआई</u>,

बी] ओडब्ल्यू, यू,

ग] आह, मैं,

डी] अन्य उत्तर।

45]। ......डिफ्थोंग्स को व्यंजन के तीसरे स्थान पर रखा गया है।

ए] मैं, ओआई,

बी] <u>ओडब्ल्यू, यू</u>,

ग] आह, मैं,

डी] अन्य उत्तर।

46] डिप्थॉन्ग को जोड़ा जा सकता है ....

ए] <u>प्रारंभमें</u>,

बी] औसत दर्जे का,

ग] पहले,

घ] अंत में।

47] .... एक शब्दांश में तीन स्वरों का मेल है।

ए] <u>ट्राइफ़ोन</u>,

बी] डिप्थॉन्ग,

ग] डीफोन,

d] अन्य उत्तर

48] ......ट्राइफोन्स को व्यंजन के पहले स्थान पर रखा गया है।

ए] <u>I और OI किसीभीस्वरकेसाथ</u>,

b] OW & U किसी भी स्वर के साथ

सी] मैं और ई किसी भी स्वर के साथ,

डी] अन्य उत्तर।

49]। . ...ट्राइफोन्स को व्यंजन के पहले स्थान पर रखा जाता है।

ए] I और OI किसी भी स्वर के साथ,

b] <u>OW & U किसीभीस्वरकेसाथ</u>

c] I & E किसी भी स्वर के साथ,

डी] अन्य उत्तर।

50] K,G,M,R-up/down से पहले .... की प्रारंभिक ध्वनि संक्षिप्त है।

पूर्वाह्न,

बी] <u>डब्ल्यू</u>,

ग] एल,

डी] एस

अध्याय संख्या 6.
वाक्यांशलेखन

51] .... एक कलम को हटाए बिना दो या दो से अधिक शब्दों का लेखन है। mOo

ए] <u>वाक्यांशलेखन</u>,

बी] चौराहे,

ग] संकुचन,

डी] अन्य उत्तर।

52] .... लिखने के अभ्यास से आशुलिपि लेखक की गति बढ़ जाती है।

ए] अंग्रेजी,

बी] <u>वाक्यांश,</u>

ग] व्यंजन,

डी] अन्य उत्तर।

53] एक वाक्यांश का .... शब्द रूप एक वाक्यांश की स्थिति पर कब्जा कर लेता है।

एक अंतिम,

बी] मध्य,

ग] <u>सबसेपहले,</u>

डी] अन्य उत्तर।

4] .... को सम्मिलित करके रूपरेखा को सुपाठ्य बनाया जा सकता है।

ए] डिप्थॉन्ग,

बी] ट्राइफ़ोन,

ग] <u>स्वर,</u>

घ] अन्य।

<h3 align="center">अध्याय संख्या 07</h3>

54] शुरू में इस्तेमाल किया गया एक छोटा वृत्त केवल ...... का प्रतिनिधित्व करता है।

ए] जेड,

बी] <u>एस,</u>

सी] एस या जेड,

डी] अन्य उत्तर।

55] अंत में इस्तेमाल किया गया एक छोटा वृत्त .... का प्रतिनिधित्व करता है

ए] जेड,

बी] एस,

सी] <u>एसयाजेड,</u>

डी] अन्य उत्तर।

56] .... सर्कल हमेशा पहले पढ़ा जाता है।

ए] फाइनल,

बी] औसत दर्जे का,

ग] <u>प्रारंभिक,</u>

d] अन्य उत्तर

57] .... सर्कल हमेशा आखिरी पढ़ा जाता है।

ए] फाइनल,

बी] औसत दर्जे का,

ग] <u>अंतिम,</u>

d] अन्य उत्तर

58] स्ट्रोक L, वक्र से जुड़े वृत्त के ठीक पहले या बाद में .... में है।

ए] <u>एकहीदिशाएकसर्कल,</u>

बी] स्ट्रोक के समान दिशा,

ग] वाक्यांश के समान दिशा,

डी] अन्य

59] सर्कल एस, में जोड़ा जा सकता है ....

ए] छोटा वृत्त,

बी] बड़ा वृत्त,

ग] <u>स्ट्रोकलॉगोग्राम,</u>

डी] अन्य उत्तर।

60] जहां स्ट्रोक एस को मूल शब्द में शुरू में लिखा जाता है, इसे .... में रखा जाता है

ए] वाक्यांश,

बी] <u>यौगिकऔरडेरिवेटिव,</u>

ग] स्ट्रोक और लॉगोग्राम,

डी] अन्य उत्तर।

अध्याय संख्या 08

स्ट्रोक एस और जेड

61] जब कोई स्वर प्रारंभिक S से पहले आता है या अंतिम S या Z के बाद आता है तो ये व्यंजन हैं .....

ए] आधा,

बी] <u>पूरीतरहसेलिखा,</u>

ग] गिरा दिया,

डी] अन्य उत्तर।

62] जब आरंभिक S के ठीक बाद एक स्वर और दूसरा आता है...

ए] एसडब्ल्यू और एसएस,

बी] <u>एसयाजेड,</u>

ग] व्यंजन और वाक्यांश,

डी] अन्य उत्तर।

63] स्ट्रोक S या Z को पूर्ण रूप से लिखा जाना चाहिए जब अंतिम शब्दांश -ous से पहले

......

एक स्वर,

बी] <u>ट्राइफ़ोन,</u>

ग] डिप्थॉन्ग,

डी] डायफोन।

64] स्ट्रोक S या Z को पूर्ण रूप से तब लिखा जाना चाहिए जब .... शब्द हो।

ए] आधा करना,

बी] दोहरीकरण,

ग] यौगिक,

डी] संक्षिप्त।

65] स्ट्रोक S या Z को पूर्ण रूप से लिखा जाना चाहिए जब ....

ए] एक सर्कल है,

बी] स्वरप्रारंभिक s सेपहलेयाअंतिम s या z काअनुसरणकरताहै,

सी] व्यंजन प्रारंभिक एस से पहले है,

d] व्यंजन अंतिम s या z का अनुसरण करता है।

अध्याय संख्या 9

बड़े सर्कल SW और SS या SZ।

66] शुरू में एक बड़ा वृत्त .... का प्रतिनिधित्व करता है

ए] एस सर्कल,

बी] सेंटलूप,

सी] एसडब्ल्यू सर्कल,

डी] एसएस या एसजेड सर्कल।

67] एक बड़ा वृत्त मध्य या अंत में एक मध्यवर्ती स्वर के साथ .... की ध्वनि का प्रतिनिधित्व करता है।

जैसा ,

बी] सेंट,

ग] दप,

घ] एसएस

68] जहां मूल शब्द स्ट्रोक एस के साथ समाप्त होता है, बहुवचन, स्वामित्व, या तीसरा व्यक्ति एकवचन .... के उपयोग से बनता है।

ए] str लूप अंत में,

बी] एसडब्ल्यू सर्कल,

सी] एसईएस सर्कल,

डी] एससर्कल।

69] पदावली में बड़े वृत्त का प्रयोग .... के रूप में किया जाता है।

ए] एसडब्ल्यू और एस,

बी] एसऔरएस,

ग] व्यंजन और एस,

डी] अन्य उत्तर।

70] फाइनल के बाद जोड़ा जा सकता है ....

ए] छोटा वृत्त,

बी] <u>बड़ावृत्त,</u>

ग] संकुचन,

डी] अन्य उत्तर।

71] .... वृत्त, वृत्त के समान गति से लिखा गया वृत्त, दोहरे व्यंजन का प्रतिनिधित्व करता है।

ए] एक बड़ा फाइनल,

बी] एक बड़ा औसत दर्जे का,

ग] <u>एकबड़ाप्रारंभिक,</u>

डी] अन्य उत्तर।

अध्याय संख्या 10.
लूप एसटी और एसटीआर।

72] एक छोटा लूप .... का प्रतिनिधित्व करता है

ए] <u>सेंट,</u>

बी] स्ट्र,

ग] दप,

d] ss या sz

73] एक बड़ा लूप .... का प्रतिनिधित्व करता है।

ए] सेंट,

बी] <u>स्ट्र,</u>

ग] दप,

d] ss या sz

74] ....लूप का उपयोग शुरू में, मध्य और अंत में किया जाता है।

ए] स्ट्र,

बी] <u>सेंट,</u>

सी] एसएस या एसजेड,

घ] स्व

75] .... लूप का उपयोग मध्य और अंत में किया जाता है लेकिन शुरू में नहीं।

ए] <u>स्ट्र,</u>

बी] सेंट,

सी] एसएस या एसजेड,

घ] स्व

76] एसटी लूप को अंततः ...... की ध्वनि का प्रतिनिधित्व करने के लिए नियोजित किया जाता है।

ए] जेडडी,

बी] दप,

सी] स्ट्र,

डी] अन्य उत्तर।

77] जब एक जोरदार आवाज वाला स्वर आता है ... का उपयोग नहीं किया जा सकता है।

ए] स्ट्र,

बी] सेंट,

सी] एसएस या एसजेड,

घ] स्व

78] जब एक स्वर अंत में आता है ... का उपयोग नहीं किया जा सकता है।

ए] एसईएस,

बी] सेंट,

सी] एसएस या एसजेड,

घ] स्व

अध्याय संख्या 1 1।

सीधे स्ट्रोक और वक्र के लिए प्रारंभिक हुक।

79]राइट मोशन के साथ लिखा गया एक छोटा प्रारंभिक हुक सीधे स्ट्रोक में .... जोड़ता है।

एक,

बी] आर,

ग] एल,

d] अन्य उत्तर

80] राइट मोशन के साथ लिखा गया एक बड़ा प्रारंभिक हुक सीधे स्ट्रोक में .... जोड़ता है।

एक,

बी] आर,

सी] एल,

d] अन्य उत्तर

81] झुके हुए चिन्हों को उनके द्वारा कहा जाता है............

ए] व्यक्तिगत नाम,

बी] व्यावसायिक नाम,

ग] <u>सिलेबिकनाम</u>,

डी] अन्य उत्तर।

82] एक छोटा प्रारंभिक हुक घुमावदार व्यंजन में .... जोड़ता है।

एक,

बी] <u>आर</u>,

ग] एल,

d] अन्य उत्तर

83] एक बड़ा प्रारंभिक हुक घुमावदार व्यंजन में .... जोड़ता है।

एक,

बी] आर,

सी] <u>एल</u>,

d] अन्य उत्तर

84]............ हमेशा ऊपर की ओर लिखा जाता है।

ए] श्री,

बी] <u>एसएचएल</u>,

सी] एफएल,

डी] वीएलई

85] .... छोटे प्रारंभिक हुक के साथ एनजी-जीआर, एनजी-केआर की ध्वनि का प्रतिनिधित्व करता है।

ए] मिलीग्राम,

बी] एनके,

ग] <u>एनजी</u>,

डी] अन्य उत्तर।

अध्याय संख्या 12.

वैकल्पिक रूप।

86] अकेले खड़े होने पर, यदि कोई स्वर पहले आता है, तो बाएँ वक्र .... में लिखे जाते हैं।

ए] वैकल्पिक रूप,

बी] आधा रूप,

सी] डबल फॉर्म,

डी] <u>नियमितरूप</u>

87] अकेले खड़े होने पर, यदि स्वर आगे नहीं आता है, तो बाएं वक्र .... में लिखे जाते हैं।

ए] <u>वैकल्पिकरूप</u>,

बी] आधा रूप,

सी] डबल फॉर्म,

डी] नियमित रूप

88] जब दूसरे स्ट्रोक से जुड़ते हैं तो .... रूप का उपयोग किया जाता है।

ए] वैकल्पिक रूप,

बी] <u>किसीभीरूपमें</u>,

सी] डबल फॉर्म,

डी] नियमित रूप

89] स्ट्रेट अपस्ट्रोक और हॉरिजॉन्टल के बाद.......फॉर्म का इस्तेमाल किया जाता है।

ए] <u>वैकल्पिकरूप</u>,

बी] किसी भी रूप में,

सी] डबल फॉर्म,

डी] नियमित रूप

90] व्यतिकारी स्वर को .... द्वारा दर्शाया जाता है।

ए] <u>डॉटऔरडैश</u>,

बी] क्रॉस और टिक करें,

ग] सर्कल और डैश,

डी] अन्य उत्तर।

91] मध्यवर्ती बिंदु स्वर को इंगित करते समय .... का प्रयोग किया जाता है।

ए] डैश,

बी] क्रॉस,

सी] <u>सर्कल</u>

डी] अन्य उत्तर।

अध्याय ना। 35

चौराहों

92] चौराहों का उपयोग लिखने के लिए किया जाता है ....

ए] केवल रूपरेखा

बी] केवल स्ट्रोक

ग] <u>व्यक्तियोंऔरसंगठनोंकानाम</u>

घ] वाक्यांश।

93] प्रतिच्छेदन विधि का उपयोग लिखने के लिए किया जाता है ....

ए] अलग से,

बी] <u>निकटनिकट्टामें</u>,

ग] दूर,

घ] अन्य।

94] P को .... के रूप में लिखने के लिए प्रतिच्छेद किया जाता है।

एक नीति,

बी] पार्टी,

ग] सार्वजनिक,

डी] संपत्ति

95] पीआर को .... के रूप में दर्शाने के लिए प्रतिच्छेद किया जाता है।

ए] मालिक

बी] प्रेस,

ग] प्रोफेसर,

डी] प्राइम

96] B को .... के रूप में दर्शाने के लिए प्रतिच्छेद किया गया है।

ए] बैंक, बिल

बी] रहो, अलविदा,

ग] ब्यूरो, लेकिन,

डी] शरीर, आधार

97] T को प्रतिच्छेद करने के लिए .... के रूप में दर्शाया गया है।

ए] तनाव,

बी] तकनीकी,

ग] ध्यान,

डी] टेलीग्राम

98] D को .... के रूप में दर्शाने के लिए प्रतिच्छेद किया गया है।

ए] विभाजित,

बी] तैनात,

ग] देरी,

घ] विभाग

99] CH को प्रतिच्छेद करने के लिए .... के रूप में दर्शाया गया है।

एक परिवर्तन,

बी] चांसरी,

ग] चेन,

डी] जयकार

100] J को .... के रूप में प्रदर्शित करने के लिए प्रतिच्छेद किया जाता है।

ए] कूदो,

बी] जर्नल,

ग] यात्रा,

घ] जारो

101] K को .... के रूप में प्रदर्शित करने के लिए प्रतिच्छेद किया गया है।

ए] कंपनी,

बी] ऊंट,

ग] देखभाल,

घ] कपास

102] KR को .... के रूप में दर्शाने के लिए प्रतिच्छेद किया जाता है।

ए] कर्नल

बी] कर्नल

ग] बनाएँ

डी] केयर

103] G को प्रतिच्छेद करने के लिए .... के रूप में दर्शाया गया है।

एक समूह

बी] अभिभावक,

ग] सरकार,

डी] अनाज

104] F को प्रतिच्छेद करने के लिए .... के रूप में दर्शाया गया है।

ए] प्रसिद्ध,

बी] फार्म,

सी] फॉर्म,

डी] फ्रेम

105] V को प्रतिच्छेद करने के लिए .... के रूप में दर्शाया गया है।

ए] विटामिन,

बी] मूल्यांकन,

ग] मुलाक़ात,

घ] अन्य।

106] TH को .... के रूप में दर्शाने के लिए प्रतिच्छेद किया गया है।

ए] महीना,

बी] सिद्धांत,

ग] प्यासा,

डी] गुरुवार

107] S को .... के रूप में प्रदर्शित करने के लिए प्रतिच्छेद किया जाता है।

एक स्थिति,

बी] लगता है,

ग] <u>समाज</u>,

डी] सामाजिक

108] M को प्रतिच्छेद करने के लिए .... के रूप में दर्शाया गया है।

एक पैसा,

बी] <u>मेजर</u>,

ग] मीटर,

डी] मार्जिन

109] N को .... के रूप में दर्शाने के लिए प्रतिच्छेद किया गया है।

एक कान,

बी] <u>नहीं</u>,

ग] नौसेना,

घ] राष्ट्रीय

110] L को .... के रूप में प्रदर्शित करने के लिए प्रतिच्छेद किया जाता है।

एक कानूनी

बी] <u>उदार</u>,

ग] सीमा,

डी] वफादार

111] R (ऊपर) को .... के रूप में दर्शाने के लिए प्रतिच्छेद किया जाता है।

ए] <u>व्यवस्था</u>

बी] आवश्यकता है,

ग] दुर्लभ,

डी] रिकॉर्ड

112] R (नीचे) को .... के रूप में दर्शाने के लिए प्रतिच्छेद किया गया है।

ए] व्यवस्थित करें,

बी] <u>आवश्यकताहै</u>,

ग] दुर्लभ,

डी] रिकॉर्ड

113] SR को .... के रूप में दर्शाने के लिए प्रतिच्छेद किया जाता है।

ए] साजिश,

बी] सीरियल,

ग] <u>रूढ़िवादी</u>,

डी] धारावाहिक

अध्याय ना। 34
उन्नत वाक्यांशविज्ञान

114] एक बड़े वृत का प्रयोग वाक्यांशों में .... के रूप में किया जाता है।

ए] एएस-डब्ल्यू,

बी] <u>जैसाकिहम</u>,

ग] साथ ही,

घ] अन्य।

115] ST लूप का प्रयोग वाक्यांशों में .... के रूप में किया जाता है।

पाठ,

बी] सबसे पहले,

ग] बनियान,

डी] <u>अन्य</u>

116] द्विगुणन सिद्धांत का प्रयोग वाक्यांशलेखन में .... के रूप में किया जाता है।

ए] टीआर, डॉ,

बी] <u>उनके, वहाँ</u>,

सी] थ्रू,

डी] ट्यूर

117] .... सिद्धांत का प्रयोग वाक्यांशों में नकारात्मक प्रयोग के लिए किया जाता है।

ए] दोहरीकरण,

बी] पड़ाव,

ग] <u>प्रत्यय</u>,

डी] उपसर्ग

अध्याय ना। 33.
विशेष अनुबंध

118] कुछ संकुचन .... द्वारा बनते हैं।

ए] शब्द,

बी] वाक्यांश,

ग] <u>पहलेदोयातीनस्ट्रोककेसाथ</u>,

डी] अन्य

119] कुछ संकुचन .... द्वारा बनते हैं।

ए] शब्द,

बी] वाक्यांश,

ग] <u>औसतदर्जेकाचूक,</u>

डी] अन्य

120] कुछ संकुचन .... द्वारा बनते हैं।

ए] शब्द,

बी] वाक्यांश,

ग] <u>लोगोग्राम,</u>

डी] अन्य

121] कुछ संकुचन .... द्वारा बनते हैं।

ए] शब्द,

बी] वाक्यांश,

ग] <u>चौराहों,</u>

डी] अन्य

अध्याय ना। 31.

नोट लेना और प्रतिलेखन।

122] डेस्क या टेबल पर लिखते समय ....

ए] <u>जल्दीसेखोलनेकेलिएपृष्ठकेनीचेएकउंगलीरखें।</u>

बी] उन पर लिखने के लिए पृष्ठों को फाड़ दें,

ग] आशुलिपि में लिखने के लिए एक शासित नोटबुक का प्रयोग करें।

d] इनके अलावा अन्य उत्तर दें।

123] एक पदावली में स्वरों की आवश्यकता होती है..................

ए] <u>टालागया,</u>

बी] कम से कम,

ग] जहां आवश्यक हो वहां डाला गया,

डी] अन्य उत्तर।

124] नोट लेने के लिए .... का ज्ञान महत्वपूर्ण है।

ए] रूपरेखा,

बी] अनुबंधित रूप,

ग] <u>अनुवाद,</u>

डी] अन्य उत्तर।

125] यदि कई रूपरेखा गलत लिखी गई हैं तो ....

ए] फिर से अभ्यास करें,

बी] गति कम करें,

ग] कठिन अध्ययन,

डी] <u>अन्यउत्तर।</u>

126] नियमित अभ्यास से आपका लेखन हो जाएगा.....

सौम्य,

बी] सहज,

ग] <u>सुपाठ्य</u>,

डी] अन्य उत्तर।

127] विविध श्रुतलेख बढ़ सकते हैं ....

ए] आपकी लेखन शक्ति,

बी] आपकी शब्दावली,

ग] <u>आपकीगतिलेखन</u>,

घ] अन्य।

128] कलम को .... के दबाव से ही पकड़ना चाहिए।

एक भारी,

बी] प्रकाश,

ग] <u>मध्यम</u>,

घ] अन्य।

129] भेद करने वाले स्वरों को क्रम में डाला जाना चाहिए ....

ए] समान रूपरेखा को पहचानें,

बी] <u>एकहीरूपरेखाभेद</u>,

ग] पूरी रूपरेखा लिखने के लिए

डी] अन्य

<h2 style="text-align:center">अध्याय संख्या 32</h2>

आवश्यक स्वर।

130] स्वर वहीं डालना चाहिए जहां........

ए] <u>अज्ञातसंदर्भ</u>,

बी] वाक्यांश,

ग] व्याकरण,

घ] अन्य।

131] स्वरों को वहीं डाला जाना चाहिए जहां ....

ए] लिखे जाने वाले संकुचन,

बी] <u>विषयअज्ञातहै</u>,

ग] अग्रिम रूपरेखा,

डी] अन्य

132] एक ही स्ट्रोक में, प्रारंभिक और अंतिम स्वरों की रूपरेखा, ... स्वरों को सम्मिलित किया जाना चाहिए।

ए] प्रारंभिक,

बी] अंतिम,

ग] औसत दर्जे का,

घ] अन्य।

133] .... को सम्मिलित करके रूपरेखा को सुपाठ्य बनाया जा सकता है।

ए] डिप्थॉन्ग

बी] ट्राइफ़ोन,

ग] स्वर,

घ] अन्य।

134] नोट टेकिंग का मतलब ....

ए] आशुलिपि में श्रुतलेख लिखना,

बी] केवल शब्दों का लेखन,

ग] व्यापारसिद्धांतकालेखन,

डी] इसके अलावा।

135] लेखन की स्थिति होनी चाहिए............

एक साधारण,

बी] सीधा,

ग] लेखकों की सुविधा के अनुसार।

घ] अन्य।

136] नियमों का पालन करने में सबसे ज्यादा जरूरी है ....

ए] साप्ताहिक,

बी] मासिक,

ग] त्रैमासिक,

घ] दैनिक

137] आशुलिपि के अध्ययन को नीचे ले जाकर कवर किया जा सकता है ....

एक अनुवाद,

बी] श्रुतलेख,

ग] सिद्धांत का अभ्यास,

डी] सभीविकल्प।

अध्याय संख्या 15.

अंतिम हुक के लिए मंडलियां और लूप।

138] एन की ध्वनि को .... द्वारा अंतिम अनुलग्नकों में जोड़ा जा सकता है।

ए] उनके साथ व्यंजन लिखना,

बी] चुककेमाध्यमसे,

ग] हुक के समान ही अंतिम अनुलग्नक लिखकर,

d] हुक के अंदर अटैचमेंट लिखकर।

139] अंतिम छोटे वृत को अंत में f या v ध्वनि को मिलाने के लिए नहीं जोड़ा जा सकता है क्योंकि N ध्वनि को मिलाने के मामले में, यदि हम चाहते हैं कि वे ध्वनि f या v जोड़ें, तो हमें करना होगा

ए] हुक के अंदर सर्कल लिखें,

b] f/v का पूर्ण व्यंजन लिखें, फिर वृत्त लिखें,

ग] <u>सर्कलजोड़नेसेबचें</u>,

डी] अन्य उत्तर।

140] वक्र के बाद एनएस की हल्की ध्वनि .... द्वारा व्यक्त की जाती है

ए] <u>एनजीओरएस</u>,

बी] एच और एस,

सी] एम और एस,

डी] अन्य उत्तर।

141] सर्कल Ns या Nz औसत दर्जे का होता है तो ....

ए] दोनों अक्षरों को दिखाया जाना चाहिए,

बी] <u>दोनोंअक्षरोंकोसंक्षिप्तकियाजानाचाहिए</u>,

ग] कुछ अक्षरों से बचना चाहिए,

डी] अन्य उत्तर।

अध्याय संख्या 16

दूर हुक

142] हुक-शुन कर्व्स को लिखा जाता है ....

ए] बाहरी कोण,

बी] <u>वक्रकेअंदर</u>,

ग] स्ट्रोक द्वारा लिखित,

डी] एक और जवाब

143] हुक-शुन को स्ट्रेट स्ट्रोक्स पर लिखा जाता है, जिस पर शुरुआती अटैचमेंट होता है।

ए] लगाव का एक ही पक्ष,

बी] <u>लगावकेविपरीतदिशामें</u>,

ग] संलग्नक के नीचे,

डी] अन्य उत्तर।

144] वक्रों का अनुसरण करते हुए -shun हुक K और G को लिखा जाता है .....

ए] <u>दोनोंगतियोंकेसाथक्षैतिजसीधेरखनेकेलिए</u>।

b] लिखित में सुविधा के लिए बाएं गति के साथ।

ग] सही गति के साथ,

डी] अन्य उत्तर।

145] -shun हुक सीधे स्ट्रोक के लिए लिखा जाता है, सिवाय T,D & J के लिखा जाता है......

ए] सुविधा के अनुसार,

बी] अंतिम स्वर के एक ही तरफ,

ग] <u>पहलेस्वरकेविपरीतदिशामें</u>,

d] अंतिम स्वर के विपरीत दिशा में।

146] -शुन हुक बिना प्रारंभिक लगाव के टी, डी और जे को लिखा जाता है ....

ए] <u>दाईंओर</u>,

बी] बाईं ओर,

ग] दोनों तरफ,

डी] अन्य उत्तर।

147] -shun हुक वृत्त S या Ns के बाद व्यंजन के लिए लिखा जाता है ....

ए] सर्कल के समान ही,

बी] <u>सर्कलकेविपरीततरफ</u>,

ग] सर्कल के नीचे,

डी] अन्य उत्तर।

148] द -शुन हुक अंत में सभी व्यंजनों के लिए लिखा जाता है ....

ए] किसी भी गति के साथ,

बी] सुविधा के अनुसार,

ग] <u>विरामचिह्नदिखानेकेलिए</u>,

डी] अन्य उत्तर।

149]. -दूर हुक सभी व्यंजनों के लिए औसत दर्जे का लिखा जाता है ....

ए] किसी भी गति के साथ,

बी] <u>सुविधाकेअनुसार</u>,

ग] औसत दर्जे का उपयोग नहीं कर सकता,

डी] अन्य उत्तर।

<h2 style="text-align:center">अध्याय संख्या 17.</h2>

<h3 style="text-align:center">महाप्राण</h3>

150] H का ऊर्ध्वमुखी रूप .... प्रयुक्त होता है।

ए] प्रारंभ में,

बी] अंत में,

ग] <u>सबसेआमतौरपर,</u>

डी] अन्य उत्तर।

151] एच के अधोमुखी रूप का प्रयोग तब किया जाता है जब यह ....

ए] <u>एकक्षैतिजद्वारापीछाकिया,</u>

बी] एक स्वर से पहले,

डी] अन्य उत्तर।

152] टिक एच का प्रयोग शुरू में .... के लिए किया जाता है।

ए] एफ, वी, टी

बी] <u>एम. एल. आर</u>

सी] आर (नीचे], डब्ल्यू, वाई

डी] अन्य उत्तर।

153] डॉट एच का उपयोग .... के रूप में किया जाता है

ए] प्रारंभ में व्यंजन,

बी] व्यंजन अंत में,

ग] <u>औसतदर्जेकास्ट्रोककाएकविकल्प,</u>

डी] अन्य उत्तर।

154] .... व्यंजन को महाप्राण कहते हैं।

ए] के

बी] च,

सी] <u>एच,</u>

घ] वी

अध्याय संख्या 18.

ऊपर और नीचे एल और एसएच

155] व्यंजन आर को शुरू में नीचे की ओर लिखा जाता है, जब ....

ए] इसके बाद एक स्वर है,

बी] <u>यहएकस्वरसेपहलेहै,</u>

ग] यदि डिप्थॉन्ग है,

डी] अन्य उत्तर।

156] R को अंत में नीचे की ओर लिखा जाता है, जब............

a] इसके बाद एक स्वर है,

बी] यह एक स्वर से पहले है,

ग] <u>यदिअंतमेंकोईस्वरहै,</u>

डी] अन्य उत्तर।

157] मेडियल आर को ऊपर की ओर लिखा जाता है, जब ....

a] इसके बाद एक स्वर आता है,

बी] यह एक स्वर से पहले है,

ग] अगरहमेंअच्छीजॉइनिंगकीजरूरतहै,

डी] अन्य उतर।

158]मेडियल आर हमेशा ऊपर की ओर लिखा जाता है...........

ए] शुरू में,

बी] अंत में,

ग] औसतदर्जेका,

डी] अन्य उतर।

159] स्वर की भावना के बिना, डिप्थॉन्ग, व्यंजन आर को कभी-कभी ऊपर और नीचे के लिए लिखा जाता है ....

ए] एकआसानरूपरेखा,

बी] संकुचन,

ग] विशेष नाउन के लिए,

घ] अन्य उतर।

अध्याय संख्या 19.
ऊपर और नीचे एल और एसएच।

160] L का .... रूप सबसे अधिक लिखा जाता है।

ए] नीचे की ओर,

बी] ऊपरकीओर,

ग] दोनों रूप,

डी] अन्य उतर।

161] जब एक वक्र से जुड़े वृत के ठीक पहले या बाद में, L लिखा जाता है ....

ए] नीचे की ओर,

बी] ऊपर की ओर,

ग] दोनों दिशाएं,

d] वृतकीदिशाकेअनुसार।

162] एल अंत में ...... के बाद लिखा जाता है

ए] एफ, वी

बी] एन, एनजी

सी] एन, एनजी

डी] अन्य उतर।

163] आरंभिक L को नीचे की ओर लिखा जाता है, जब यह ....

ए] एक ट्राइफ़ोन से पहले

b] एक व्यंजन द्वारा पीछा किया गया

c] एकस्वरसेपहलेऔरउसकेबादएकक्षैतिज

d] अन्य उत्तर

164] एफ, वी और एसके या सीधे ऊपर स्ट्रोक के बाद, अंतिम एल लिखा जाता है .... जब एक स्वर के बाद।

ए] ऊपरशब्द

बी] नीचे की ओर

ग] किसी भी गति के साथ

d] अन्य उत्तर

165] F, V और SK या स्ट्रेट अप स्ट्रोक के बाद, फ़ाइनल लिखा जाता है .... जब एक स्वर के बाद नहीं।

ए] ऊपर शब्द

बी] नीचेकीओर

ग] किसी भी गति के साथ

डी] अन्य उत्तर।

166]....... एल आम तौर पर ऊपर की ओर लिखा जाता है।

ए] प्रारंभिक

बी] अंतिम

ग] औसत दर्जे का

d] अन्य उत्तर

167] स्ट्रोक एसएच, जब एक स्ट्रेट डाउन स्ट्रोक का अनुसरण करते हुए एक प्रारंभिक अटैचमेंट लिखा होता है .... प्रारंभिक अटैचमेंट के लिए।

ए] बाईं ओर

उज्जवल पक्ष

सी] विपरीत

d] ऊपरऔरनीचेकीदिशाओंकेसाथ।

अध्याय संख्या 20.

यौगिक व्यंजन।

168] एक बड़ा प्रारंभिक हुक K में .... जोड़ता है और G प्रारंभ में बड़ा हुक बनाता है।

ए] एम,

बी] डब्ल्यू,

ग] एल,

डी] अन्य उत्तर।

169] एल व्यंजन के लिए एक बड़ा प्रारंभिक हुक .... का प्रतिनिधित्व करता है

ए] डब्ल्यू,

बी] टीएन,

ग] क,

डी] अन्य उत्तर।

170] L व्यंजन को जोड़ने के लिए गाढ़ा किया जाता है ....

ए] एर,

बी] टीआर,

सी] डॉ,

डी] ट्यूर

171] आर व्यंजन को जोड़ने के लिए गाढ़ा किया जाता है............

ए] एर,

बी] टीआर,

ग] डॉ,

डी] ट्यूर

172] P या B को .... में जोड़ने से कंबाइन व्यंजन बन सकता है।

ए] वी,

बी] एल,

ग] एम,

डी] अन्य उत्तर।

173] एस्पिरेट को ....हुक द्वारा W में जोड़ा जाता है।

ए] जोड़ना,

बी] बढ़ाना,

ग] कम करना,

डी] अन्य उत्तर।

174] फॉर्म WL और WHL को तब लिखा जाता है जब .... से आरंभिक W.

ए] स्वरसेपहले,

बी] स्वर इस प्रकार है,

c] डिप्थॉन्ग पहले आता है,

डी] अन्य उत्तर।

175] L के आरंभिक हुक हमेशा होते हैं............

ए] अंतिम पढ़ें,

बी] पहलेपढ़ें,

ग] ध्यान से पढ़ें,

डी] अन्य उत्तर।

अध्याय संख्या 21.

स्वर संकेत।

176] प्रारंभिक स्वर की आवश्यकता है ....

ए] <u>प्रारंभिकस्ट्रोककाउपयोग</u>,

बी] स्वर का सम्मिलन,

ग] व्यंजन का लगाव,

डी] हुक या लूप का प्रारंभिक लगाव।

177] निम्नलिखित में से कौन सा शब्द निहित प्रारंभिक स्वर के समूह में आता है...

एक पहनने,

बी] स्वादिष्ट,

ग] कलम,

घ] <u>साथमें</u>।

178]निम्नलिखित में से कौन सा शब्द निहित प्रारंभिक व्यंजन के समूह में आता है.......

ए] सो जाओ,

बी] <u>जागो</u>,

ग] अवहेलना,

घ] कम

179] जो नीचे दिया गया शब्द है वह निहित अंतिम व्यंजन के समूह में आता है ....

गिरना,

बी] जागरूक,

ग] क्षमा करें,

डी] <u>पतन</u>

180] आरंभिक स्वर के लिए प्रारंभिक स्ट्रोक के उपयोग की आवश्यकता होती है ....

ए] <u>स्वरचिह्नकेलिएजगहदें</u>,

बी] अंतिम व्यंजन के लिए जगह दें,

ग] संक्षिप्त रूप में शब्द का प्रतिनिधित्व करने के लिए,

डी] अन्य उत्तर।

181] एक प्रारंभिक या अंतिम स्वर को अक्सर .... के लिए लिखे गए फॉर्म द्वारा दर्शाया जा सकता है।

ए] प्रारंभिक या अंतिम ट्राइफ़ोन,

बी] <u>प्रारंभिकयाअंतिमव्यंजन</u>,

ग] प्रारंभिक या अंतिम अनुलग्नक,

डी] अन्य उत्तर।

कैप्टर नं. - 28.
प्रत्यय और समाप्ति।

182] स्ट्रोक-इंग के बजाय, ---------- का उपयोग किया जाता है।

एक अल्पविराम

बी] <u>डॉट</u>

सी] डैश

d] अन्य उत्तर

183] -आलिटी, -एलिटी, -आरिटी का उपयोग ---------- स्ट्रोक द्वारा किया जाता है।

ए] प्रतिच्छेदन

बी] समाप्ति

सी] <u>अलगकरना</u>

d] अन्य उत्तर

184] जुदा जे स्ट्रोक ---------- का प्रतिनिधित्व करता है

पत्रिका

बी] सामान्य

सी] <u>तार्किक-ly</u>

d] अन्य उत्तर

185] -मेंट को ---------- द्वारा व्यक्त किया जाता है

ए] <u>एमटी</u>

बी] एनटी

सी] एनजीटी

d] अन्य उत्तर

186] विच्छेदित MNT ---------- का प्रतिनिधित्व करता है

ए] <u>मानसिक-ly-ity</u>

बी] मेंट

सी] एनजीटी

d] अन्य उत्तर

187] -Ly को ---------- से जोड़ा या विच्छेदित किया जाता है।

ए] <u>ली</u>

बी] नहीं

सी] एनजी

डी] एसएच

188] एसएच एक्सप्रेस से जुड़े या अलग हुए ------------

ए] - <u>जहाज</u>

बी] भेड़

सी] शिफ्ट

d] अन्य उत्तर

189] विच्छेदित FS स्ट्रोक ----------- को व्यक्त करता है

a] -घृणितता

बी] -पूर्णता

ग] सुविधा

d] अन्य उत्तर

190] असंबद्ध एलएस स्ट्रोक व्यक्त करता है ----------

ए] -विहीनता

बी] -पूर्णता

ग] अवकाश

d] अन्य उत्तर

191] डब्ल्यू स्ट्रोक आधा जुड़ने में व्यक्त किया जाता है ----------

ए] -शब्द

बी] जब

ग] होगा

d] अन्य उत्तर

192] वाई स्ट्रोक आधा जुड़ने में व्यक्त किया जाता है ----------

ए] -याच

बी] -उपज

ग] -याई

d] अन्य उत्तर

अध्याय सं. 22.

पड़ाव सिद्धांत

193] एक स्ट्रोक का रुकना .... के जोड़ को इंगित करता है

ए] एम, एन, एनजी,

बी] टीयाडी,

सी] एल एंड एसएच,

डी] एच, जी

194] बिना किसी लगाव के अंत में या बिना किसी डिप्थॉन्ग के, हल्के स्ट्रोक को केवल

.... के लिए आधा कर दिया जाता है।

ए] डी,

बी] टी,

• 33 •

सेमी,

घ] एनजी।

195] बिना किसी लगाव के अंत में या बिना किसी डिप्थॉन्ग के, भारी स्ट्रोक को .... के लिए ही आधा कर दिया जाता है।

ए] डी,

बी] टी,

सेमी,

घ] एनजी।

196] स्वर चिह्नों से लेकर आधे रूपों तक पढ़े जाते हैं.............

ए] प्राथमिकस्ट्रोककेबगलमें,

बी] स्ट्रोक से पहले,

ग] पढ़ने में सुविधा के अनुसार,

डी] अन्य उत्तर।

197] एक आधी लंबाई वाला H, जब दूसरे स्ट्रोक से नहीं जुड़ा होता है तो हमेशा लिखा जाता है.............

ए] नीचे की ओर,

बी] या तो गति,

ग] ऊपरकीओर,

डी] अन्य उत्तर।

198] आधी लंबाई .... कभी नहीं लिखी जाती है।

ए] एच,

बी] टी या डी,

सी] आर (ऊपर].

डी] अन्य उत्तर।

199] हॉल्टिंग सिद्धांत लागू नहीं होता...............

ए] जबकोईशब्दस्वरकेसाथसमाप्तहोताहै,

बी] जब शब्द ट्राइफ़ोन के साथ समाप्त होता है,

c] जब कोई शब्द डिप्थॉन्ग के साथ समाप्त होता है,

डी] अन्य उत्तर।

200] स्वरों को दर्शाने के लिए आधी लंबाई के रूप नहीं लिखे जाने चाहिए।

ए] लाइनकेमाध्यमसे,

बी] लाइन पर,

ग] रेखा के ऊपर,

डी] अन्य उत्तर।

अध्याय संख्या 23.

पड़ाव सिद्धांत सेकंड। द्विवतीय

201] स्ट्रोक्स M, N, L & R को आधा कर दिया जाता है और .... को जोड़ने के लिए मोटा किया जाता है।

ए] टीयाडी,

b] -lerd, -rerd आदि,

सी] एच, सीएच,

डी] अन्य उत्तर।

202] गाढ़े एलडी/आरडी का उपयोग तब नहीं किया जाता जब ....

ए] स्वरकेबीचआताहै,

बी] स्वर पहले आता है,

ग] स्वर इस प्रकार है,

डी] अन्य उत्तर।

203] एमपी/एमबी को आधा किया जा सकता है जब............

ए] केवल अंत में झुका हुआ,

बी] केवल शुरुआत में झुका हुआ,

ग] दोनोंशुरूमेंऔरअंतमेंझुकाहुआ,

डी] अन्य उत्तर।

204] RT आम तौर पर लिखा जाता है ....

ए] नीचे की ओर,

बी] सुविधा के अनुसार,

ग] ऊपरकीओर,

d] बिना रुके।

205] पड़ाव एसटी को .... के बाद नीचे या ऊपर लिखा जा सकता है।

ए] टी / डी,

बी] क्षैतिज,

ग] - दूर,

डी] एफ / वी हुक

206] असमान लंबाई के स्ट्रोक को तब तक नहीं जोड़ा जाना चाहिए जब तक ....

ए] जंक्शनकेबिंदुपरएककोणहै,

बी] शामिल होने की अच्छी गुणवत्ता है,

ग] सुविधा के अनुसार,

डी] अन्य उत्तर।

207] असमान लंबाई के स्ट्रोक को तब तक नहीं जोड़ा जाना चाहिए जब तक ....

ए] लंबाईकीअसमानताहै,

बी] शामिल होने की अच्छी गुणवत्ता है,

ग] सुविधा के अनुसार,

डी] अन्य उत्तर।

208] स्ट्रोक के तुरंत बाद आधी लंबाई T या D हमेशा अलग हो जाती है.............

ए] एम, एन, एनजी,

बी] आर, एल,

सी] के, जी,

डी] के. जी. एम. एन

209] हॉल्टिंग सिद्धांत का उपयोग वाक्यांशलेखन में .... को दर्शाने के लिए किया जाता है।

ए] मतकरो. शब्दऔरहोगा,

बी] पी, बी, टी, डी,

सी] एल, आर, एच, वी,

डी] के, जी, एम, एन

अध्याय संख्या: -24

प्रत्यय और समाप्ति

210] स्ट्रोक-इंग के बजाय, ... का उपयोग किया जाता है।

ए] अल्पविराम,

बी] डॉट,

ग] डैश,

d] अन्य उत्तर,

211] -अलिटी, -एलिटी, -आरिटी का इस्तेमाल .... स्ट्रोक द्वारा किया जाता है।

ए] प्रतिच्छेदन,

बी] समाप्त करना,

ग] डिस-जॉइनिंग,

डी] अन्य उत्तर।

212] असंबद्ध जे स्ट्रोक का प्रतिनिधित्व करता है ....

पत्रिका,

बी] सामान्य,

ग] तार्किक-गीत,

d] अन्य उत्तर,

213] -मेंट द्वारा व्यक्त किया जाता है ....

ए] मीट्रिकटन,

बी] एनटी,

ग] एनजीटी,

d] अन्य उत्तर,

214] असंबद्ध एमएनटी प्रतिनिधित्व करता है ....

ए] मानसिक-ly-ity ,

बी] मेंट,

ग] एनजीटी,

d] अन्य उत्तर,

215] -Ly का प्रतिनिधित्व .... द्वारा किया जाता है।

ए] एल,

बी] एन,

ग] एनजी,

डी] एसएच,

216] एसएच एक्सप्रेस में शामिल या अलग हो गए ....

ए] -जहाज,

बी] सो जाओ,

ग] शिफ्ट,

d] अन्य उत्तर,

217] डिसजॉइन्ड एफएस स्ट्रोक एक्सप्रेस ....

ए] -लूसी,

बी] - पूर्णता,

ग] सुविधा,

d] अन्य उत्तर,

218] असम्बद्ध एलएस स्ट्रोक एक्सप्रेस ....

ए] -हीनता,

बी] पूर्णता,

ग] अवकाश,

d] अन्य उत्तर,

219] डब्ल्यू स्ट्रोक आधा जोड़ने में व्यक्त किया जाता है ....

ए] - शब्द,

बी] जब,

ग] होगा,

d] अन्य उत्तर,

220] वाई स्ट्रोक आधा जुड़ने में व्यक्त किया जाता है ....

ए] -याच,

बी] -उपज,

ग] - यार्ड,

d] अन्य उत्तर,

221] माइक्रोसॉफ्ट में एक्सेल फाइल को .... फॉर्मेट में सेव किया जाता है।

ए] .mp3

बी] .doc

सी] .xls

डी] .एमपीईजी

222] माइक्रोसॉफ्ट एक्सेल में DAVERAGE फंक्शन का उपयोग किसके लिए किया जाता है ......

ए] उन कोशिकाओं की गणना करता है जिनमें डेटाबेस में संख्याएं होती हैं

बी] चयनितडेटाबेसप्रविष्टियोंकाऔसतलौटाताहै

सी] एक डेटाबेस से एक एकल रिकॉर्ड निकालता है जो निर्दिष्ट मानदंडों से मेल खाता है

D] चयनित डेटाबेस प्रविष्टियों से न्यूनतम मान लौटाता है

223] माइक्रोसॉफ्ट एक्सेल में DCOUNT फंक्शन का उपयोग किसके लिए किया जाता है ......

ए] उनकोशिकाओंकीगणनाकरताहैजिनमेंडेटाबेसमेंसंख्याएंहोतीहैं

बी] चयनित डेटाबेस प्रविष्टियों का औसत लौटाता है

सी] एक डेटाबेस से एक एकल रिकॉर्ड निकालता है जो निर्दिष्ट मानदंडों से मेल खाता है

D] चयनित डेटाबेस प्रविष्टियों से न्यूनतम मान लौटाता है

224] माइक्रोसॉफ्ट एक्सेल में फंक्शन एक डेटाबेस से एक एकल रिकॉर्ड निकालता है जो निर्दिष्ट मानदंडों से मेल खाता है ...

ए] डीजीईटी

बी] डीमैक्स

सी] डीमिन

डी] डीप्रोडक्ट

225] माइक्रोसॉफ्ट एक्सेल में फंक्शन चयनित डेटाबेस प्रविष्टियों से अधिकतम मूल्य देता है।

ए] डीजीईटी

बी] डीमैक्स

सी] डीमिन

डी] डीप्रोडक्ट

226] माइक्रोसॉफ्ट एक्सेल में फंक्शन चयनित डेटाबेस प्रविष्टियों से न्यूनतम मान लौटाता है

ए] डीजीईटी

बी] डीमैक्स

सी] डीमिन

डी] डीप्रोडक्ट

227] माइक्रोसॉफ्ट एक्सेल में फंक्शन डेटाबेस में मानदंड से मेल खाने वाले रिकॉर्ड के किसी विशेष क्षेत्र में मानों को गुणा करता है

ए] डीजीईटी

बी] डीमैक्स

सी] डीमिन

डी] डीप्रोडक्ट

228] माइक्रोसॉफ्ट एक्सेल में कौन सा कार्य चयनित डेटाबेस प्रविष्टियों के नमूने के आधार पर मानक विचलन का अनुमान लगाता है

ए] डीएसटीडीईवी

बी] डीएसटीडीईवीपी

सी] डीएसयूएम

डी] डीवीएआर

229] माइक्रोसॉफ्ट एक्सेल में कौन सा फ़ंक्शन चयनित डेटाबेस प्रविष्टियों की संपूर्ण जनसंख्या के आधार पर मानक विचलन की गणना करता है

ए] डीएसटीडीईवी

बी] डीएसटीडीईवीपी

सी] डीएसयूएम

डी] डीवीएआर

230] माइक्रोसॉफ्ट एक्सेल में कौन सा फंक्शन डेटाबेस में रिकॉर्ड्स के फील्ड कॉलम में नंबर जोड़ता है जो मानदंड से मेल खाता है

ए] डीएसटीडीईवी

बी] डीएसटीडीईवीपी

सी] डीएसयूएम

डी] डीवीएआर

230] माइक्रोसॉफ्ट एक्सेल में जो चयनित डेटाबेस प्रविष्टियों से नमूने के आधार पर भिन्नता का अनुमान लगाता है

ए] डीएसटीडीईवी

बी] डीएसटीडीईवीपी

सी] डीएसयूएम

डी] डीवीएआर

231] माइक्रोसॉफ्ट एक्सेल में किसी खास तारीख का सीरियल नंबर लौटाता है

ए] दिनांक

बी] दिनांक मूल्य

सी] दिन

डी] DAYS360

232] माइक्रोसॉफ्ट एक्सेल में एक तारीख को टेक्स्ट के रूप में सीरियल नंबर में बदलता है

एक तिथि

बी] दिनांकमूल्य

सी] दिन

डी] DAYS360

233] माइक्रोसॉफ्ट एक्सेल में एक सीरियल नंबर को महीने के एक दिन में बदलता है

एक तिथि

बी] दिनांक मूल्य

सी] दिन

डी] DAYS360

234] एक 360-दिवसीय वर्ष के आधार पर दो तिथियों के बीच दिनों की संख्या की गणना करता है माइक्रोसॉफ्ट एक्सेल

एक तिथि

बी] दिनांक मूल्य

सी] दिन

डी] DAYS360

235] एक पावरपॉइंट प्रेजेंटेशन जिसे आप अपनी व्यक्तिगत या व्यावसायिक तस्वीरों को प्रदर्शित करने के लिए बना सकते हैं।

ए] फोटोएलबम

बी] वेब प्रस्तुति

सी] पेज ओरिएंटेशन

डी] सेल्फ रनिंग प्रेजेंटेशन

236] प्रत्येक हैंडआउट या नोट्स पृष्ठ के शीर्ष पर स्लाइड नंबर, समय और तारीख, कंपनी का लोगो, प्रस्तुति शीर्षक या फ़ाइल नाम, प्रस्तुतकर्ता का नाम, और अधिक जैसी जानकारी जोड़ने के लिए पावर पॉइंट प्रेजेंटेशन में किस फ़ंक्शन का उपयोग किया जाता है आपकी प्रस्तुति, या प्रत्येक स्लाइड, हैंडआउट या नोट्स पृष्ठ के नीचे

ए] स्लाइड नंबर

बी] दिनांक और समय

सी] शीर्षलेखयापादलेख

डी] कैप्शन

237] माइक्रोसॉफ्ट पावर प्वाइंट में क्विक एक्सेस टूलबार पर फ़ंक्शन से नंबर स्लाइड का उपयोग के लिए किया जाता है

ए] अपनीप्रस्तुतिमेंपहलीस्लाइडपरदिखाईदेनेवालीस्लाइडसंख्याकोबदलनेकेलिए

बी] अपनी प्रस्तुति में अंतिम स्लाइड पर दिखाई देने वाली स्लाइड संख्या को बदलने के लिए

सी] अपनी प्रस्तुति में बीच की स्लाइड पर दिखाई देने वाली स्लाइड संख्या को बदलने के लिए

D] अपने प्रेजेंटेशन में स्लाइड डिलीट करने के लिए

238] ईमेल खाता बनाने के लिए नीचे दिए गए विकल्पों में से एक का उपयोग किया जाता है

ए] लॉग इन करें

बी] साइन इन करें

सी] साइनअप

डी] लॉग आउट

239] पासवर्ड भूल गए विकल्प का उपयोग किसके लिए किया जाता है.....

ए] नयापासवर्डबनाएं

बी] पासवर्ड संपादित करें

सी] पासवर्ड की वैधता की जांच करें

डी] पासवर्ड का सत्यापन

240] लिखें टैब का उपयोग ईमेल खाते में के लिए किया जाता है

ए] ईमेल हटाएं

बी] नयाईमेललिखें

सी] ईमेल आयात करें

डी] निर्यात ईमेल

241] ईमेल खाते में अवांछित ईमेल इस फ़ोल्डर में जमा हो जाते हैं..

ए] सेंटी

बी] स्पैम

सी] कचरा

डी] ड्राफ्ट

242] अगर हम किसी को ईमेल भेजते हैं, तो इस ईमेल की कॉपी इस फोल्डर में सेव हो जाती है...

ए] सेंटी

बी] स्पैम

सी] कचरा

डी] ड्राफ्ट

243] हटाए गए ईमेल इस फ़ोल्डर में सहेजे गए हैं...

ए] सेंटी

बी] स्पैम

सी] कचरा

डी] ड्राफ्ट

244] अपूर्ण ईमेल इस फ़ोल्डर में सहेजे जाते हैं

ए] सेंटी

बी] स्पैम

सी] कचरा

डी] ड्राफ्ट

245] ईमेल का जवाब देने के लिए इस्तेमाल किया जाने वाला विकल्प.....

ए] फॉरवर्ड

बी] उत्तर दें

सी] प्रिंट

डी] स्पैम की रिपोर्ट करें

246] प्राप्त ईमेल की प्रति भेजने का विकल्प .....

ए] फॉरवर्ड

बी] उत्तर दें

सी] प्रिंट

डी] स्पैम की रिपोर्ट करें